L'HEURE DÉCISIVE
DE LA LUTTE
ENTRE L'EUROPE ET LE BOLCHEVISME

Alfred Rosenberg

Droits de reproduction et de traduction réservés ©2018

Alfred Rosenberg

L'HEURE DÉCISIVE
DE LA LUTTE
ENTRE L'EUROPE ET LE BOLCHEVISME

Discours prononcé au Congrès du Parti à Nuremberg 1936

M. Alfred Rosenberg, chef de l'office de politique étrangère du Parti national-socialiste ouvrier allemand et représentant du Führer pour toute l'éducation spirituelle et idéologique du Parti, a ouvert le congrès du Parti national-socialiste pour l'année 1936 en prononçant le discours suivant, qui a été diffusé par tous les postes d'émission de la TSF.

CERCLE DES ÉTUDES ARYENNES
Lausanne
2005

Alfred Rosenberg
Reichminister pour les territoires de l'Est

Tandis qu'au Stadion des Jeux olympiques à Berlin l'élite de la jeunesse de tous les peuples rivalisait d'émulation en de chevaleresques tournois au service d'une grande idée pacifique, nombre de nations se trouvaient ébranlées jusque dans leurs fondements par de terribles crises politiques et sociales. En Grèce, berceau des Jeux olympiques, l'État se voyait forcé de prendre des mesures de salut pour épargner à ses citoyens le sort qui fut celui du peuple russe. Ailleurs, les groupes hostiles s'étoffaient et se faisaient de plus en plus menaçants, et voici que dans la péninsule ibérique se déroule une horrible guerre civile, une guerre comme l'histoire du monde, la Russie mise à part, n'en a jamais vu d'aussi terrible : le peuple espagnol, décomposé en deux fractions et en proie, depuis des années, aux pires excitations de criminels bolcheviques, s'attaquant à lui-même, à toutes ses grandeurs passées, ainsi qu'à toutes ses virtualités d'avenir ! Et, à son tour, ce destin de deux partis aux prises en Espagne a réveillé les passions des autres peuples. Nous ne savons pas ce que l'avenir nous réserve de conflits effroyables, mais les grands règlements de notre époque ont commencé et ne seront certainement pas clos par quelque accommodement « démocratique ».

Ces faits indéniables infligent un démenti à tous ceux qui avec une incroyable suffisance, osaient depuis des années nous raconter que si, dans la lointaine Russie sans culture, un épouvantable état de choses était possible, cet état de choses était, en revanche, à tout jamais inimaginable dans l'Europe occidentale à la «civilisation si développée». Ces vieilles gouvernantes de la politique mondiale n'avaient pas compris, et plus d'une d'entre elles n'a pas encore compris, à l'heure actuelle, que les ferments de désagrégation, qui permettent au bolchevisme d'accomplir son œuvre de destruction, n'existaient et n'existent pas seulement en territoire russe, mais font leur œuvre *dans toutes* les métropoles du monde. Toute grande cité, qu'il s'agisse de Paris, de Londres, de Madrid ou de Canton, contient des millions de personnes qui, poussées au désespoir par la détresse sociale, sont littéralement prédestinées à s'abandonner aux séductions de suborneurs bolcheviques sans scrupule. N'oublions pas, en outre, que les métropoles donnent asile à des centaines de milliers de démagogues et d'aventuriers, d'intellectuels déracinés, prêts à tous moments à se faire les agents d'une propagande de subversion. À cela s'ajoute que l'Union des Soviets, qui constitue un État immense, finance et organise aujourd'hui déjà à l'aide de centaines de millions de marks, une politique qui sape tout et que, par conséquent, aucun peuple qui contemple cette activité sans y opposer de résistance matérielle ou spirituelle ne saurait se dire à l'abri du bolchevisme.

Nous avons dit à cette place, il y a une année, que, quelles que soient, pour un peuple, les formes de sa lutte pour l'existence, il n'est pas une nation qui puisse échapper aux hostilités maintenant partout déchaînées entre marxisme et nationalités. Nous n'avons toutefois pas fait cette constatation pour la première fois l'année dernière, car il y a 16 ans déjà que nous avons affirmé ce que nous avançons aujourd'hui. Lorsque le Führer, naguère, engagea sa lutte, c'était pour tenter, de toutes les forces de son esprit et de son cœur, d'affranchir le peuple allemand des traîtres qui l'avaient asservi, mais sans cacher qu'il s'agissait là d'une lutte mondiale d'envergure prodigieuse et que le phénomène bolchevique n'était pas simplement un produit local accidentel, mais en outre une épidémie psychique et, sous son aspect politique, une conjuration de caractère universel. Pendant ces années, le mouvement national-socialiste a déclaré qu'une reconnaissance théorique et pratique de l'internationale des Soviets et de ses dirigeants ne pouvait qu'aboutir à la banqueroute morale de ceux qui prétendaient représenter l'Europe. Au cours de ces années, le *Völkischer Beobachter*, l'organe principal du mouvement, n'a cessé de multiplier ses avertissements. Il a continuellement flétri les tentatives de fraternisation entre les gouvernements de la République de novembre 1918 et le Moscou des Soviets, entre la presse judéo-bolchevique et la presse juive du grand capital. Le mouvement national-socialiste s'est dressé contre la tentative de Walther Rathenau de lier, à Rapallo, le sort de l'Allemagne à celui du soviétisme judaïque et, en 1926, le *Völkischer Beobachter* a soutenu une lutte acharnée contre le traité, alors conclu à Berlin, et qui, avec ses clauses de neutralité, ne jouait qu'en faveur de la Russie des Soviets.

Et voici que les terribles événements d'Espagne viennent donner raison à toute la politique nationale-socialiste à un point tel que nous ne l'aurions pas désiré dans l'intérêt de la conservation de l'Europe. Toutefois ces horribles massacres, dont les meilleurs éléments du peuple espagnol sont victimes, la destruction de tout ce qui, de son passé, devrait être sacré à l'Espagne, tout cela contraint l'Europe à méditer son destin. C'est pourquoi le congrès du Parti national-socialiste ouvrier allemand de 1936 se tient, lui aussi, de nouveau, sous la préoccupation dominante du péril issu du bolchevisme et du judaïsme international, son organisateur. Infatigable, aujourd'hui comme hier, le Parti national-socialiste ouvrier allemand, qui représente l'Allemagne, se voit contraint de continuer ses avertissements à tous les peuples de la terre et de signaler des faits que nous autres, qui avons déjà traversé cette grande lutte, voyons avec plus de netteté que ceux qui, jusqu'à cette heure, n'ont pas encore connu le heurt des grands conflits où se jouent les destins de notre temps.

L'évolution d'une révolte bolchevique est marquée de traits tout à fait remarquables. Les coups de force n'ont pas, il est vrai, toujours accusé extérieurement un cours identique, mais les grandes lignes de l'action sont partout demeurées les mêmes, que nous les observions à Moscou ou à Madrid ou que nous suivions leurs contours dans les républiques soviétiques de Munich ou de Hongrie. La guerre mondiale a ébranlé tous les peuples jusque dans leurs assises les plus profondes, elle a poussé au désespoir des millions d'individus, et ce désespoir politico-social — dû aussi, pour une bonne part, à une organisation capitaliste hostile aux peuples — a été le tremplin d'une propagande renforcé de la doctrine bolchevico-marxiste. Dans tous les milieux surgirent des rêveurs entretenant leurs auditeurs d'idéaux de l'humanité, de république universelle, d'un ordre social équitable sans classes, etc. À eux se joignirent les *conspirateurs* conscients, habiles à exploiter aussi bien la détresse de millions et de millions d'individus que les propos des rêveurs, et à même de soudoyer, pour l'insurrection, à l'aide des ressources provenant d'organisations juives depuis longtemps préparées, les agents de nouvelles provocations. Ces grèves générales, systématiquement mises en œuvre, tout en paraissant accidentelles, ces petites échauffourées, ces rébellions militaires, furent autant de moyens d'empêcher la formation d'une véritable communauté nationale et d'attiser sans cesse les passions, d'accroître la rage des opprimés, de manière à transformer une petite colonne de mutins en un immense mouvement politique et militaire. Après la victoire des masses, des exaltés et des conjurés, il y eut, le plus souvent, une courte période de transition, où ces tenants d'une démocratie universelle et leurs extravagants associés exercèrent le pouvoir. Kerenski, ce demi-Juif bavard, demeurera à jamais le type symbolisant par excellence cet entre-deux de l'histoire. À la fois exalté et démagogue vaniteux, il devint tout naturellement l'élément de désagrégation par excellence qui, prenant la tête du mouvement, facilita, par son cabinet de transition, l'ascension de la pègre armée, bientôt organisée. La libération de tous ceux qui peuplent les prisons, qu'il s'agisse de criminels de droit commun ou de délinquants politiques, est toujours le premier signe d'un soulèvement marxiste. Les milliers de réclusionnaires et de forçats déchaînés sont alors pourvus d'armes par la révolution victorieuse et ces miliciens, échappant bientôt à la direction des démocrates qui se contentent de gesticuler, forment des colonnes d'assaut ivres de sang. Les bavards aux grands mots d'humanité et de fraternité universelle se trouvent alors tellement compromis par les assassinats et les actes de sauvagerie qui se commettent qu'il leur est impossible de rentrer dans le sein de la communauté nationale. Ils sont, par suite, forcés de collaborer à la domination rouge, qui les tolère quelque temps encore, pour les faire ensuite fusiller ou pendre à la première manifestation du moindre scrupule. La suppression de la démocratie, l'élimination de ses idées, devenues sans objet, constituent la phase suivante — systématiquement ouverte — de la révolution, et une terrible guerre civile, où l'on ne peut plus reculer, est, aussi pour le peuple, la crise décisive qui le réduit, ou bien à accepter la soumission absolue à la pègre criminelle des grandes villes, aux aventuriers et aux conspirateurs de tout l'univers, ou bien à démontrer, dans une dernière épreuve, qu'il est encore en mesure d'opposer aux forces de destruction totale une résistance s'inspirant d'une nouvelle idée politique et ayant une force militaire à son service.

En présence de cette évolution, toujours la même, il serait superficiel et faux de vouloir formuler ici absolument *in abstracto* de prétendues «lois de politique mondiale». Certes, plus d'une évolution s'explique par les tempéraments humains et l'ambiance, mais l'observation systématique d'une tactique révolutionnaire, la préparation des situations que nous avons vu naître pendant ces décades, sont inimaginables sans un foyer central. Ce qui, maintenant, au cours de la révolution espagnole, apparaît nettement, même au regard des plus bornés, c'est l'intervention de la main de Moscou dans toutes les méthodes de lutte du bolchevisme ; cette main n'a jamais cessé d'être partout présente au cours des révoltes des 20 dernières années, peut-être pas toujours de façon aussi manifeste que depuis l'établissement des bolcheviks en Espagne, mais cependant elle est toujours là, rappelant la pensée directrice et cruciale du judaïsme universel.

Et avec une énergie qui ne s'est jamais démentie, nous n'avons pas cessé, depuis 1919, d'appeler également l'attention sur ce point. En dépit de toutes les objections, nous avons eu le courage, au tréfonds d'une grande défaite, de nous en prendre à ce judaïsme universel lui-même et à sa domination en Allemagne, convaincus que nous étions, et aujourd'hui plus que jamais, que, sans la direction juive, le bolchevisme, sous cette forme, n'eût pas été possible, et qu'on aurait eu, tout au plus, à enregistrer des soulèvements sociaux de caractères très différents. Nous n'avons pas eu besoin de l'exemple de l'activité déployée par les émigrants juifs en Espagne, ces émigrants qui ont organisé une véritable chasse à l'homme contre tout ce que Madrid et Barcelone comptaient d'Allemands connus, non plus que de l'acte criminel de l'assassin juif qui, ayant abattu en Suisse le chef de notre parti dans ce pays, a été, pour ce haut fait, loué et défendu publiquement par la presse juive ; nous avions en effet déjà vu de nos yeux le rôle de la juiverie en Russie et en Allemagne, et nombre d'entre nous avaient, depuis longtemps déjà, étudié cette question juive, de sorte que l'explosion du marxisme judaïque à travers le monde ne nous a paru être que la confirmation de ce que de bons observateurs du caractère juif, à travers les décades et siècles, avaient déjà soutenu.

Lorsque Dostoïevski déclara, dans l'une de ses œuvres, qu'au terme de l'évolution actuelle, les maîtres de la Russie seront d'«insolents Juifs», il n'a fait que prédire sous une forme concise ce qui s'est réalisé en Russie et se réalisera partout si les peuples acceptent sans protester ces provocations sans fin. La masse des innombrables mémoires politiques de notre époque ne nous fournit l'exemple que d'un seul diplomate ayant eu publiquement le courage d'appeler les choses par leur nom. Ce diplomate est l'ancien ambassadeur de la Grande-Bretagne à Berlin, Lord d'Abernon. Dans ses souvenirs, il indique à plusieurs reprises que l'élément juif domine dans la Russie des Soviets et qu'il ne fait qu'y augmenter d'importance. Il dit encore que ce sont précisément les Juifs influents qui, en Allemagne, manifestent de la sympathie pour cette Russie soviétique et ses Juifs. On s'est toujours senti «solidaire dans ce jeu», pour reprendre l'expression tout à fait pertinente d'une grande feuille israélite de Berlin, il y a nombre d'années. Dans la lutte que nous avons engagée, nous ne nous sommes pas lassés de faire remarquer que tous ces Juifs qui se trouvaient réunis en Russie au début du régime soviétique, les Trotski, les Zinoviev, les Litvinov, les Steldov, les Sverdlov, ne se trouvaient pas là *par hasard*, mais qu'ils étaient venus de tous les États pour tirer — par une extermination unique dans l'histoire de l'humanité — de la nation russe au désespoir une vengeance lui faisant expier sa traditionnelle répulsion instinctive pour ces nomades du désert : les Juifs.

Nous avons, l'année dernière, de cette place, fourni des preuves multiples de la permanence de cet état de choses, et cela, en dépit de maintes rivalités entre les individualités juives, les parasites étant forcés de s'entre-dévorer quand ils deviennent trop nombreux. Aussi voudrais-je maintenant donner quelques indications documentaires montrant, sur la foi des sources soviétiques elles-mêmes, l'œuvre de conjuration de plus en plus raffinée du judaïsme mondial, également en cette année 1936.

Staline, le chef de la IIIe Internationale, n'est pas juif ; il n'est pas russe non plus ; chacun sait qu'il est caucasien. Mais, derrière lui et par-dessus son épaule, on aperçoit la silhouette attentive de son beau-frère, Lazare Mosessohn Kaganovitch. Or ce Lazare Mosessohn Kaganovitch est suppléant de Staline et, conformément aux décisions du gouvernement des Soviets, il a droit aux mêmes honneurs que son beau-frère en cas d'absence de ce dernier. Il règne de façon presque absolue, car, au cours des dernières années, il a casé, dans tous les postes importants de la police, de l'administration intérieure, de l'Armée rouge, du commerce extérieur et de la diplomatie, des acolytes de sa race. Voici quelques données précises à l'appui de ce que j'avance :

On sait que l'autorité chargée par le gouvernement juif d'exterminer tous les Russes nationaux était la Tchéka, commission extraordinaire ayant pour mission de combattre la contre-révolution. Lorsque ce nom, tout éclaboussé de sang, se trouva complètement démonétisé en Russie même, on le changea en « *Commission du peuple pour les affaires intérieures* » et l'on eut ce qu'on appelle le « *Guépéou* ». Le chef de cette terrible organisation est, à l'heure actuelle, le Juif Yagoda, qui a, pour suppléant, Jakob Saulssohn Agranov.

Administration centrale de la Sûreté générale

- *Gay*, M. J., juif, directeur de la section spéciale.
- *Mironov*, L. G., juif, directeur de la section économique.
- *Slutzkii*, A. A., juif, directeur de la section extérieure.
- *Chanine*, Abraham Mosessohn, juif, directeur de la section des transports.
- *Yoffé*, Yesaias Leosohn (ancien rédacteur en chef de la revue L'Athée), juif, directeur de la section antireligieuse.
- *Bielskii*, Lev Nahumsohn, juif, directeur de l'administration centrale de la milice.

Administration centrale de la Protection extérieure et intérieure

- *Moguilskii*, B. J., juif, directeur de l'administration centrale.

Administration centrale des camps de concentration et lieux de bannissement du NKVD (commissariat de l'Intérieur de l'URSS)

- *Berman*, Matveï, juif, directeur de l'administration centrale.
- *Firine*, Semeion, juif, suppléant.
- *Kogan*, Lazare, juif, directeur des camps de concentration et des lieux de bannissement en Carélie soviétique et en même temps directeur du « Camp de travaux forcés de la mer Blanche pour prisonniers politiques.
- *Katznelsohn*, S. B., juif, commissaire suppléant pour les affaires intérieures et directeur du Guépéou de l'Ukraine soviétique.
- *Finkelstein*, juif, directeur des camps de concentration et des lieux de bannissement du district Nord.
- *Serpoukhovskii*, juif, directeur du camp de travaux forcés de file So]ovki, le SLON.
- *Rappoport*, Abrampolski, Faïvrlovitrh, Chkliar, Selikmannn, etc., directeurs des administrations des territoires et districts de la circonscription de Moscou.

Ce n'est qu'un modeste florilège. Mais le résultat total montre que toute la politique intérieure de la Russie soviétique est entre les mains d'un aréopage » composé à 98 % de Juifs.

À côté de ce commissariat de l'Intérieur s'en trouve un autre s'occupant du Commerce intérieur. D'après l'Officiel russe *Izvestia* du 8 avril 1936, il est constitué par un comité où ne figurent, pour ainsi dire, que des Juifs.

Voici quelques noms avec indication du champ d'activité de ceux qui les portent :

- *Weitser*, Israël Iakobsohn, commissaire du peuple pour le Commerce intérieur de l'URSS.
- *Levensohn*, M. A., commissaire suppléant du Commerce intérieur.
- *Aronstamm*, Gregor Nahumsohn, directeur de l'inspection commerciale.
- *Beddeschskii*, Sam. B., directeur du monopole des articles de bureau, de papeterie et des articles scolaires.
- *Weschner*, Lazarus Abrahamsohn, directeur du monopole des articles de fantaisie et de bonneterie.
- *Ganeline*, Israël E., directeur du trust de l'élevage porcin des restaurants réunis de Moscou.
- *Gittis*, Israël Abrahamsohn, directeur des restaurants réunis de Moscou.
- *Goldmann*, David M., directeur des restaurants réunis de la région du Don.
- *Gordon*, Lazare G., directeur du commerce des articles industriels de la région de Moscou.
- *Goumnitzkii*, Teïfel Leosohn, directeur du commerce intérieur de la région de Kalinine.
- *Gouriévitch*, Nakhmann Hirschsohn, commissaire du peuple pour le Commerce intérieur de la Russie blanche.
- *Goukhmann*, Salomon Isaaksohn, directeur du « *Mostorg* ».

- *Davidsohn*, Benjamin A., directeur de la première administration centrale des ventes aux enchères locales.
- *Salinskii*, Moses Isaaksohn, commissaire du peuple pour le Commerce intérieur de la république des Tartares.
- *Zelenski*, Isaac Abrahamsohn, président de la direction de l'Association centrale des coopératives de consommation de l'URSS et de la RSFSR.
- *Suessmann*, G. A., directeur du commerce intérieur de la région d'Odessa.
- *Kaganovitch*, Leo Nahurnsohn, directeur de la section de Kiev du « *Soyouzprodmag* ».
- *Kaplan*, Sophie, directrice du trust des restaurants « *Frounzendskii* » de Moscou.
- *Kremin*, Lazare Isaaksohn, directeur du commerce des denrées alimentaires de Russie blanche.
- *Nodel*, Wolf Abrahamsohn, rédacteur du journal Sovietskaa
- *Torgovlia*. Smorgonskii, Efim Mosesssohn, directeur de la représentation du commerce intérieur de Bakou.
- *Khalameiser*, H. L., directeur du commerce urbain des articles industriels de Rostov-sur-Don.
- *Chinkarevskii*, Nahum J. directeur du monopole du commerce de détail des denrées coloniales.
- *Epstein*, Meir Samuelsohn, directeur de la section de Moscou du commerce intérieur.
- Etc.

Le commerce intérieur est donc dirigé par un comité qui est juif à 99 %. Il va de soi qu'en un temps d'armement de l'Armée rouge vient s'ajouter, à la domination de la politique et du commerce intérieur, *la domination de l'industrie de guerre*. Le comité de contrôle d'armement de la Soviétie judaïque fut constitué le 20 avril 1935 et étendu, de manière adéquate, le 10 juillet 1936, conformément aux prescriptions du Conseil des commissaires du peuple.

Les journaux soviétiques, tels que *Za Indoustrialisatziou* du 20 avril 1935 (n° 92) et l'*Izvestia* du 11 juin 1936 (n° 135), reproduisent les noms et les attributions de ses membres. Je n'indiquerai que quelques-uns des Juifs importants qui le composent :
- *Kaganovitch*, Mikhaël Mosessolin, commissaire suppléant du peuple pour l'industrie lourde, vice-président de la commission délibérative et directeur de l'administration centrale de l'industrie aéronautique.
- *Roukhimovitch*, M. L., commissaire suppléant du peuple pour l'industrie lourde et vice-président de la commission.
- *Gouriévitch*, A. D., directeur de l'administration centrale de l'industrie métallurgique.
- *Kagan*, J. B., directeur de l'administration centrale de l'industrie charbonnière et ingénieur en chef de son exploitation.
- *Israilovitch*, A. J., directeur de l'administration centrale de l'industrie du gaz.
- *Guinsbourg*, S. S., directeur de l'administration centrale de l'industrie des constructions.
- Galpérine, E. J., ingénieur en chef de l'industrie de l'azote.
- *Bitker*, G. S., directeur de l'administration centrale de l'industrie du caoutchouc.
- *Bouskine*, D. A., directeur de la fabrique de tracteurs de Tchéliabinsk.
- *Fouschmann*, A. M., directeur de l'administration centrale de l'industrie des wagons.
- *Alpérovitch*, E. M., directeur de l'administration centrale de l'industrie de construction des machines-outils.
- *Figatner*, I. G., directeur du secteur du travail près le commissaire du peuple pour l'Industrie lourde.
- *Fainberg*, W. G., directeur de l'administration centrale de la construction des machines minières.
- *Kagan*, B. D., directeur du trust « *Prodmachina* ».

- *Froumkine*, M. L., directeur du trust chimique « *Soyouzchimplastmass* ».
- *Bierenzweig*, M. B., directeur du secteur étranger du commissariat du peuple pour l'Industrie lourde.
- *Israilovitch*, E. J., ingénieur en chef de l'administration centrale de la construction des machines agricoles.
- *Slouzkii*, S. B., directeur du combinat pétrolier de l'Azerbaïdjan.
- *Rosenoiser*, S. L., directeur du trust du pétrole et de l'industrie du gaz de Grozny.
- *Falkovitch*, S. J., directeur de la fabrique de machines « *Ordjonikidzé* » à Kramatorsk.
- Lewenberg, M. G., ingénieur en chef de la fabrique de machines « *Ordjonikidzé* ».
- *Scheïmann*, J. B., directeur de la fabrique de locomotives de Vorochilovgrad.
- *Itzschaken*, Yosef Isaaksohn, directeur de la fabrique de turbogénérateurs de Kharkov.
- *Fraenkel*, A. M., directeur technique du combinat d'aluminium de Dniepropetrovsk.
- *Slotchevskii*, Ilia Yesaïassohn, directeur des ateliers des établissements métallurgiques de Makeewsk.
- *Granberg*, L. Isaaksohn, directeur des ateliers des établissements métallurgiques « *Dzerjinskii* ».
- *Ravikovitch*, Efim Mosessohn, directeur de la construction des machines de la fabrique d'armes de Toula.

Récemment :
- *Brouskine*, A., second suppléant du commissaire de l'Industrie lourde (*Izvestia*, n° 183, 7 août 1936).
- Etc.

Dans la direction de l'industrie des armements, on peut également évaluer à 95 % et même à 98 % le pourcentage des Juifs occupés.

Le commissariat du peuple pour l'Alimentation est également à 96 % entre les mains des Juifs.

Donnons quelques noms :

- *Belenkii*, Mark Nathanson, commissaire du peuple suppléant pour l'Alimentation.
- *Dukor*, Hirsch Yosefsohn, directeur de la section financière.
- *Chatchan, Abrahamsohn*, directeur de la section de l'économie dirigée.
- *Strikovskii*, Leo Saulsohn, directeur de l'administration centrale de l'industrie carnée.
- *Gieber*, B. W., directeur de l'administration centrale de l'industrie du beurre.
- *Bronstein*, G. A., directeur de l'administration centrale de l'industrie laitière.
- *Margoline*, G. S., directeur de l'administration centrale de la margarine.
- *Glinskii*, Abraham Lazarsohn, directeur de l'industrie de l'alcool industriel et de consommation.
- *Savodnik*, J. S., directeur de l'administration centrale de l'industrie du macaroni.
- *Kissine*, Abraham Ananiassohn, directeur de l'administration centrale de l'industrie de la levure de bière.
- *Simitze*, Miron Isaaksohn, fondé de pouvoir du commissariat de l'Alimentation pour la région de Leningrad.
- *Nikolaïevskii*, Leo Salomonsohn, fondé de pouvoir du commissariat de l'Alimentation pour l'Ukraine.
- *Breittnann*, Alexander Salomonsohn, directeur du trust des conserves de l'Ukraine.

Comme, de par sa loi talmudique et du fait de particularités raciales, le Juif n'embrasse qu'avec répugnance la carrière des armes et ne montre aucune disposition pour l'organisation militaire et les calculs stratégiques, les rangs des armées rouges ne renferment que peu d'officiers et de soldats israélites. Il y a toutefois deux « généraux » juifs dont le judaïsme international est particulièrement fier. Pour le surplus, le gouvernement soviétique juif a pris toutes ses mesures pour faire minutieusement surveiller par des coreligionnaires mouchards les instincts nationaux russes qui pourraient poindre dans l'Armée rouge. D'où la création de ce qu'on appelle l'administration politique de l'Armée rouge des ouvriers et des paysans, qui est un moyen de règne exclusivement juif. Il y a auprès de chaque commandant d'unité un « mouton » israélite, prêt, à tout moment, à livrer un officier au sanguinaire Guépéou juif. À la tête de ce contrôle politique déshonorant pour tout le corps d'officiers russes se trouve le Juif Yankel Gamarnik, de Kiev, auquel il convient d'ajouter :

- *Schifrès*, Arkadius Leosohn, directeur de l'académie de l'économie de guerre.
- *Stern*, Gregor Isaaksohn, délégué spécial du commissaire du département de la guerre.
- *Guekker*, Samuel Aronsohn, directeur de la section des affaires étrangères du commissariat du peuple pour la Défense extérieure.
- *Kazanskii*, Eugen Sirnonsohn, directeur de l'administration centrale de la mobilisation près la RKKA.
- *Fischmann*, Yakob Mosessohn, directeur de l'administration de la section chimique près la RKKA.
- *Ashley*, Peter Mosessohn, direèteur de l'administration financière près la RKKA.
- *Rogovskii*, Nahum Yesasia.sohn, directeur de l'administration de l'économie militaire.
- *Landa*, Moses Mosessohn, rédacteur en chef de Krasnaïa Zviezda (étoile rouge)
- *Tourovskii*, Simon Yakobsohn, directeur de l'administration politique de l'aviation militaire près la RKKA.

- *Guermanovitch*, Moses Yakobsohn, adjoint politique du commandant en chef du district militaire du Caucase du Nord.
- *Ouritzkii*, Salomon B., adjoint politique du commandant en chef du district militaire de Transcaucasie.
- *Taiirov*, G. A., adjoint politique du commandant en chef du district militaire de Sibérie.
- *Aaronstamm*, Lazare Nahumsohn, adjoint politique du commandant en chef de l'armée spéciale d'Extrême-Orient.
- *Grichine-Rabinovitch*, Aron Samuelsohn, adjoint politique du chef de la flotte de la Baltique.
- Etc.

Il est clair que, grâce à cette multitude de grands et de petits délateurs, la domination parasitaire des Juifs apparaît comme assurée. Et si l'on ajoute que le Juif Rozovskii a été nommé, le 7 février 1936, procureur général suppléant de l'Union des Soviets en même temps qu'auditeur militaire suprême de l'Armée rouge, on se trouve en présence du fait véritablement symbolique que les Juifs sont à la fois accusateurs et juges suprêmes du peuple russe et de l'armée populaire rouge, prétendument russe.

Le tableau ne serait pas complet si nous ne signalions que toute l'activité de la politique extérieure de l'Union des Soviets se trouve, elle aussi, en mains hébraïques. D'après l'officielle *Izvestia* du 8 mai 1936 (n° 107), il a été constitué auprès du commissariat du peuple pour le Commerce extérieur un comité consultatif dont font partie 34 Juifs environ. Voici quelques noms :

- *Rosenholz*, A. P., commissaire du peuple pour le Commerce extérieur.
- *Barit*, Yakob Mosessohn, comptable principal du commissariat du Commerce extérieur.
- *Briskine*, Moses A., représentant commercial de l'URSS en Finlande.

- *Herzenberg*, Ilia Ivanovitch (ses fonctions ne sont pas indiquées).
- *Guendine*, Yakob Mosessohn, directeur de l'administration de l'importation près le commissariat du peuple pour le Commerce extérieur.
- *Gouriévitch*, Samuel (ses fonctions ne sont pas indiquées).
- *Divovitch*, Abraham Isradsohn (ses fonctions ne sont pas indiquées).
- *Sabelychinskii*, Kliaïm Mosessohn, directeur du secteur de la formation des cadres au commissariat du peuple pour le Commerce extérieur.
- *Kraiovskii*, R. Israëlsohn, président de l'exportation du bois de l'Union.
- *Lévine*, M. J., directeur du secteur des agences commerciales du commissariat du peuple pour l'Exportation.
- *Lévine*, Alexander Mosessohn, directeur de la bourse des bois d'Arkhangelsk.
- *Messing*, S. Adamsohn, directeur du commerce de l'Union en Mongolie et dans la République soviétique touranienne.
- *Niépomniachtchii*, Lazare L., représentant commercial de l'URSS en Suède.
- *Pevsner*, Yozef M., président de l'exportation du naphte de
- *Pickmann*, Yakob Abrahamsohn, représentant commercial en Lituanie.
- *Rabinovitch*, P. Jr., directeur de l'administration de l'exportation au commissariat du peuple pour le Commerce extérieur.
- *Rozov*, David Aronsohn (ses fonctions ne sont pas indiquées).
- *Taïtz*, M. J., directeur du secteur de l'économie dirigée près le commissariat du peuple pour le Commerce extérieur.

De sorte que les destinées de plus de 160 millions de Russes et d'allogènes, que comporte l'Union des Soviets, se trouvent également, dans le domaine du commerce extérieur, entre des mains presque exclusivement juives. Il va de soi que la plupart des ambassadeurs soviétiques appartiennent aussi à cette race. Toutefois, il fallait bien, ça et là, tenir compte des sentiments des peuples étrangers ; peut-être aussi que si les Juifs envisagés pour les postes diplomatiques étaient utilisables en Russie, ils l'étaient beaucoup moins au-dehors où l'on ne pouvait guère les «produire» sans déchaîner immédiatement un mouvement antijuif. Sans nous arrêter à nommer personne, nous pouvons constater que les principaux agents diplomatiques des Soviets sont sept Russes, trois Arméniens et seize Juifs. À leur tête se trouve Litvinov (Wallach Finkeistein), le commissaire aux Affaires extérieures, bien connu. Ce chef de la diplomatie soviétique a été expulsé, il y a quelques années, de Londres, pour affaires louches. Aussi, un des grands triomphes de la juiverie mondiale a-t-il été de voir ledit Litvinov prendre la parole à la Société des Nations à Genève comme représentant de la Russie des Soviets et de la Juiverie universelle et, surtout, de voir appeler à Londres, en 1936, dans le vénérable palais de St. Jarnes, cet ancien expulsé d'Angleterre pour juger les prétendues violations de traités par l'Allemagne, lorsque le Reich fit usage d'un droit tout naturel en replaçant sous sa protection la Rhénanie menacée par la convention militaire franco-soviétique.

Cet exposé n'est qu'une petite partie de la toile que l'on pourrait brosser de l'épouvantable encanaillement de la politique mondiale. Et quel que soit le sentiment des hommes d'État et des philosophes à l'égard du phénomène juif, il est indiscutable que la direction de la politique du gouvernement des Soviets ne s'exerce, pour ainsi dire, qu'en fonction des intérêts juifs et que c'est, par conséquent, de l'argent purement juif, argent, d'ailleurs, volé au peuple russe, qui, dans tout l'univers, s'efforce de déchaîner le soulèvement de la pègre contre la culture européenne et les traditions les plus sacrées de tous les peuples.

Aussi ne saurait-on combattre le marxisme et le bolchevisme avec succès en exceptant la lutte contre le judaïsme. Toutes les tentatives d'éluder cette question capitale ne peuvent, à la longue qu'aboutir à un échec. Les « bons Juifs » que tout philosémite peut invoquer sont, en mettant les choses au mieux, quelques cas limités, comme il peut, naturellement, s'en présenter à la suite d'une cohabitation séculaire, mais, au fond, le bolchevisme est la forme de la révolution mondiale juive, la gigantesque tentative messianique de se revanches contre la mentalité éternellement étrangère des Européens, et point seulement d'eux.

Ce que les Juifs se sont permis en Espagne en détruisant des centaines d'églises, en massacrant les éléments les plus purs de la race espagnole, est la manifestation de la vengeance qu'ils tirent du roi Ferdinand et de la reine Isabelle, obligés, jadis, d'expulser ceux de leur sang. Ces souverains, il est vrai, n'ont pas procédé de façon radicale à l'expulsion des Sémites, qu'ils croyaient pouvoir corriger en les baptisant. Or ce sont les descendants des Juifs baptisés, ceux qu'on appelle les « *marranes* », qui ont été les chefs de la révolution d'apparence libérale dont la domination fait place actuellement à celle des Juifs soviétiques.

De l'ensemble de cette situation, il résulte que la politique étrangère à courte vue, avec des résolutions au jour le jour, est devenue la méthode la plus funeste pour diriger la destinée des peuples. Cette politique d'expédients a peut-être sa raison d'être en des temps de paix, mais, au milieu des conflits mondiaux décisifs de notre époque, il est nécessaire que les personnalités qui, par nature, sont exposées à des compromis, soient remplacées par des hommes qui voient nettement dans tout le passé d'un peuple un legs d'impératif catégorique et sentent en eux le courage de soumettre à une révision les prétendues « méthodes éprouvées » d'une direction surannée de l'État. Et pour nous, il résulte de toutes ces constatations que le bolchevisme est une conception philosophique, du moins dans l'esprit de ses chefs : c'est la conception même de la pègre, l'exaltation, par principe, de tous les instincts malpropres d'une humanité en décomposition, conjointement à la haine folle qui anime un peuple parasitaire que la générosité sans bornes d'une époque a, dans une heure de malheur, gratifié du droit de cité européen. Pareille conjuration politique et militaire mondiale, à laquelle se sont ralliés des millions de désespérés, si mal fondés que soient leurs espoirs, ne peut plus être étouffée uniquement à l'aide de la police et de l'armée. L'ampleur démesurée du soulèvement montre, au contraire, à celui qui sait remonter aux causes, que, manifestement, les anciennes autorités, qui déclaraient pouvoir protéger la culture et la religion de l'Europe, étaient et sont trop faibles pour opposer à cet assaut des vigueurs énergiques et fraîches. La récusation des antiques forces culturelles et étatiques est justifiée, non seulement par le détachement des masses innombrables, mais aussi par la défense atone d'un monde culturel dont ces forces étaient prétendument le rempart. Les prêtres et les pasteurs qui se perdent en lamentations auraient donc tout motif de remercier le national-socialisme de leur avoir épargné le sort de leurs confrères de Russie et d'Espagne. Ils ne devraient pas se contenter de prêcher pénitence aux autres, ils devraient encore se la prêcher à eux-mêmes.

On ne pourra venir à bout de la doctrine bolchevique que par un seul moyen, c'est-à-dire par une foi nouvelle, par une volonté décidée à se traduire en actes et ensuite par l'acte décisif lui-même.

Nous avons, au début de cet exposé, caractérisé la tactique qui a permis aux révolutions bolcheviques, ici de triompher et là de tenter la victoire. Si cette tactique politique directe émane du poste de commandement juif, les méthodes d'emprise spirituelle qui se proposent la radicalisation brutale et la transvaluation arbitraire de tous les concepts de l'humanité n'ont pas d'autres points de départ.

Voici quelques exemples à l'appui de ce que j'affirme : sous l'empire de ses conceptions, Soviet-Judée déclare que le bolchevisme ne connaît pas de problèmes rauques et qu'il n'y a pas de différences entre ce qu'on appelle les races. Mais c'est ce même bolchevisme qui arme méthodiquement les Nègres pour les soulever au nom de la race contre les Blancs. C'est ainsi qu'il y a peu de temps la station radiophonique de Moscou annonçait triomphalement la réunion d'un congrès nègre aux États-Unis et exposait que la mission principale de ce congrès était d'organiser la révolte de la race noire contre ses oppresseurs de race blanche.

En dehors de ce point de vue, le bolchevisme ignore, par principe, la nationalité ethnique comme base politique et culturelle des sociétés humaines. Cette négation est pour lui une évidence qu'il a proclamée en enlevant son nom à l'État qu'il domine, à savoir la Russie, qu'il qualifie d'Union soviétique ou encore d'Union des républiques soviétiques socialistes. La propagande des Soviets n'en considère pas moins l'instinct racial des différentes nations comme une donnée dont l'exaltation doit lui permettre de renverser l'ordre de choses existant. Le travail subversif auquel le bolchevisme se livre aux Indes, aux Philippines et dans les colonies, porte le titre générique séducteur de « libération des peuples opprimés ». Mais le résultat final de la politique de violence du bolchevisme n'est jamais, dans l'hypothèse la plus favorable, qu'une délivrance pour un asservissement nouveau, sous la plus brutale de toutes les dictatures : l'assujettissement aux Soviets.

Le bolchevisme se proclame l'ennemi mortel du capitalisme, alors qu'en réalité il a été soutenu par les millions juifs et que le communisme a mille fois révélé qu'il était, en même temps que mouvement de destruction du capital national et de la propriété individuelle, un instrument destiné à faire passer en des mains hébraïques les biens expropriés. Dans la Russie soviétique des travailleurs et des paysans, ce ne sont ni ceux-ci ni ceux-là qui règnent aujourd'hui, mais bien le capitalisme d'État le plus brutal sous direction exclusivement juive.

Le bolchevisme proclame vouloir instituer la dictature du prolétariat dans tous les États. Mais là où il ne peut pas y arriver immédiatement et directement ; comme c'est le cas en France, le communisme est devenu démocratique, au moins dans la forme. Au chant de *La Marseillaise*, il affiche son amour même pour le drapeau tricolore et, en qualifiant les socialistes de capitalistes, il crée un parti demi-bourgeois — le soi-disant front populaire — pour pouvoir, avec son aide, constituer un cabinet de transition la Kerenski comme dernière étape avant les violences de la terreur judéo-bolchevique, à l'instar de Madrid, de Barcelone et de Moscou.

Le bolchevisme proclame qu'il fait la guerre au militarisme, et partout on le voit prédicant du pacifisme et de la paix universelle. Mais, dans le même temps, l'Union des Soviets équipe la plus grande armée de l'univers, chasse de leurs foyers ancestraux aux frontières occidentales des centaines de milliers de paysans finlandais et blancs-russes pour y substituer forteresses, abris bétonnés, chaussées et aéroports militaires, en vue d'une poussée irrésistible de cette armée soviétique conduite par les Juifs au lendemain de l'explosion attendue de la révolution bolchevique dans l'Europe occidentale. Tel est le but de la convention militaire franco-judéo-soviétique, ainsi que de l'alliance avec la Tchécoslovaquie. Sur le territoire de cette dernière, une centaine d'officiers et d'ingénieurs russes auront procédé jusqu'à la fin de 1936 à l'installation de 170 aéroports, dont la moitié, soit 85, sera à la disposition exclusive de la Russie des Soviets comme autant de stations intermédiaires pour l'agression préméditée contre l'Europe. Et avec tous les moyens imaginables d'intimidation, le peuple roumain est induit à se laisser entraîner, afin que le territoire de la Roumanie devienne territoire de passage pour les armées russes et que Bucarest n'élève pas de protestations lorsque les escadres aériennes de Moscou survoleront le pays en vue de se rendre en Tchécoslovaquie, cette Tchécoslovaquie qui est devenue comme le porte-avions de Soviet-Judée.

Ainsi, le mot d'ordre de paix universelle, formulé par la Russie des Soviets, est aussi la plus grande et la plus impudente imposture que l'on se soit permise à l'égard des peuples et l'incarnation de cette effronterie est le Juif Litvinov qui, aidé de ses acolytes, stipendie dans tous les États la révolution bolchevique universelle, tandis qu'à Genève il se répand en mensonges sur les pures et nobles intentions pacifiques de l'Union des Soviets.

À la place du militarisme national et unilatéral d'antan, nous voyons surgir un militarisme bilatéral de la juiverie universelle : d'une part, le prolétariat armé des grandes villes du monde et de la pègre, et, de l'autre, l'immense armée de la Russie des Soviets, menace extérieure pour tous les États d'Europe et d'Asie.

Le bolchevisme a proclamé qu'il voulait engager la lutte de classes, libératrice des ouvriers et des paysans, pour procurer la paix et le bien-être au monde dans une société égalisée. En réalité, le but de son activité et l'intention dont elle s'inspire sont la création d'une domination et d'une bourgeoisie juives du genre de celle existant actuellement en Russie soviétique et qui, en cas de victoire du bolchevisme, feraient leur apparition dans tous les États.

Toute cette propagande de marque soviétique a été un anesthésiant pour l'esprit et la conscience d'hommes vivant à une époque accablée par les coups du destin. Et, sans scrupule, on a fait de la pègre l'héritière des masses soulevées, de sorte qu'aujourd'hui les intersignes de la fin d'un monde flottent dans tous les États. Tandis que des milliers de porte-flambeaux ont transmis, d'Olympie à Berlin, la flamme de la paix et d'une émulation pleine de noblesse, cette pègre promène sa torche incendiaire à travers toutes les nations de l'humanité.

Une lutte sans pitié doit donc être livrée par tous ceux qui ont encore le courage de défendre leur culture, le glorieux passé de leur peuple et de s'assurer un avenir reconstructif. Certains critiques ont prétendu ironiquement que le national-socialisme n'avait apporté aucune liberté au peuple allemand, mais l'avait accablé d'une chape de discipline et de contraintes. Ces présomptueux libéraux n'ont oublié qu'une chose, à savoir que la révolution au nom de libertés effrénées a abouti à l'anarchie du bolchevisme juif. La révolution nationale-socialiste, par contre, a été une révolution non pas de libertés démesurées, mais un grandiose retour de l'Allemagne sur elle-même ; elle a été une révolution des devoirs. Et c'est dans le choix de ces devoirs que réside notre liberté !

On reparle de nouveau beaucoup de l'Europe et de la culture de l'Occident. Or, c'est à cette culture que Moscou a déclaré une guerre à mort. Et à Genève cette culture a été honteusement trahie par ses prétendus défenseurs qui ont admis Soviet-Judée à la Société des Nations.

C'est surtout à Berlin qu'on défend aujourd'hui encore l'existence et l'avenir de l'Europe.

Nous sommes convaincus que si chaque nation, à sa manière, proclame par des actes courageux les obligations qu'elle a envers le passé comme envers l'avenir, il sera encore possible, à la douzième heure, de conjurer le danger bolchevique.

Nous autres, en Allemagne, sommes fiers que le bolchevisme et la juiverie criminelle aient trouvé en notre Führer et en notre mouvement leurs grands adversaires et nous déclarons solennellement qu'aussi longtemps que nous vivrons et que nous nous perpétuerons par notre descendance ces forces de destruction ne ressusciteront jamais en Allemagne.

Pour plus de documentation :

www.the-savoisien.com
www.pdfarchive.info
www.vivaeuropa.info
www.freepdf.info
www.aryanalibris.com
www.aldebaranvideo.tv
www.histoireebook.com
www.balderexlibris.com

www.ingramcontent.com/pod-product-compliance
Lightning Source LLC
LaVergne TN
LVHW041553060526
838200LV00037B/1275